Es ist an der Zeit

für eine R e g i e r u n g des Volkes
durch das Volk für das Volk,

für einen W e c h s e l der Position des Wählers
von der Mitbestimmung zur Regierung,

für das Z i e l 'Allgegenwärtige Vernunft
und Harmonie' als gesamtgesellschaftlicher
Entwicklungszustand,

für einen P a r a d i g m e n w e c h s e l
von der Empirie zu den Naturgesetzen als
Bezugsquelle des Theoretischen Vorlaufs
zur Politik,

für die T r i n i t ä t von Einzelwissenschaften,
Universalwissenschaften und Naturgesetzen
als partielle Kooperation, Koordination und
Organisation im Toleranzbereich der absoluten
Wahrheit,

für eine Reformation der Demokratie.

Ralf Schenke

Ralf Schenke

Reformation

der

Demokratie

Erkenntnisse der Grundlagenforschung
zur
Herrschaftsform Demokratie

Sachbuch
www.amazon.de

Inhalt

Kapitel IV Die 'Wählerstimmen-Demokratie'

Kapitel V Resümee

Einleitung

In der EU manifestiert hat sich die Demokratie als Herrschaftsform, also die Art und Weise wie Herrschaft in einem Staat ausgeübt wird. (WIKIPEDIA)

Die EU Zukunftskonferenz 2021 thematisierte und bestätigte öffentlich den Reform-Bedarf der Demokratie in der Politikwissenschaft und der politischen Praxis.

Am 22.10.2022 stellte aktuell klar dazu der Präsident Österreichs, Alexander Van der Bellen, eine Grundsanierung der Substanz sowie Garantien für die politische Praxis und forderte eine Bringschuld von den Verantwortlichen ein.

Die Grundlagenforschung zur Demokratie hat sich dieser Forderung im Vorfeld anstehender Wahlen in der EU angenommen und stellt neueste Forschungsergebnisse zur barrierefreien Kenntnisnahme und ggf. Anwendung in einem Sachbuch 'Reformation der Demokratie' und in einem Benutzerhandbuch *'Das Demokratie-Fusions-Modell WSD'* als Veröffentlichung unter www.amazon.de vor.

Darüber hinaus werden auch Informationen, Aufklärung und Beratung abrufbar sein via IT (Google) über die Homepage '*waehlerstimmendemokratie*'.

Die Forschungsergebnisse sind wissenschaftlich begründete Erkenntnisse aus naturgesetzlicher Quelle. Sie geben Einblick in objektive Zusammenhänge gesellschaftlicher Entwicklung. Dadurch ist es möglich, eine Politik der Harmonie zwischen Naturgesetzen und Gesellschaft aufzubauen und dauerhaft zu gewährleisten.

Die Grundlagenforschung hat diese Erkenntnisse so aufbereitet, dass sie ohne Zeitverzug in Übereinstimmung mit dem jeweiligen Grundgesetz, dem parlamentarischen Verhaltenskodex und ohne Veränderungen in der Gewaltenteilung schrittweise oder auch gesamtheitlich in jeder Demokratie umsetzbar sind.

Dieses Angebot ermöglicht dem engagierten Wähler auf der Grundlage seiner Rechte und seines 'Freien Willens', im Rahmen der persönlichen *Selbst-, Sach- und Sozialkompetenz* (*H. Roth 1971, Pädagogische Anthropologie*) an der Politik des Staates regierend teilzunehmen.

Kapitel I
Der Reform-Bedarf

Der Reform-Bedarf der EU
Der Reform-Bedarf in Österreich
Fazit zur Ausgangslage 2023

Der Reform-Bedarf der EU

Die Reformierung der EU wurde von Parlament, Rat und Kommission gemeinsam ins Leben gerufen und hat am 09.05.2021 am Europa-Tag 2021 im Europäischen Parlament in Straßburg mit einer gemeinsamen Plenarsitzung als 'Konferenz zur Zukunft Europas' ihre Arbeit aufgenommen.

Die EU Zukunftskonferenz thematisierte und bestätigte öffentlich den Reform-Bedarf der Demokratie der EU in der Politikwissenschaft und der politischen Praxis.

Der wissenschaftliche Vorlauf wird dominiert durch die Vergleichende Politikwissenschaft. Sie ist vorzugsweise konzentriert auf Demokratie-Modelle der Mehrparteien-Demokratien.

Manfred G. Schmidt fasst in seinem Lehrbuch Demokratietheorien (VS Verlag 2010, 5. Auflage) zusammen:

Zur quantifizierenden Schule der Demokratieforschung gehört der bahnbrechende Vergleich von Demokratie-Formen, den Arend Lijphart (geb. 1936) im Jahr 1984 unter dem Titel 'Democratics' veröffentlichte und 1999 in 'Patterns of Democracy' weiterführte, und mit Lijphart (2008) ergänzte. Diese Bücher setzen Maßstäbe. Sie sollen die Strukturen der liberalen Demokratie und ihr Leistungsvermögen systematisch vergleichend erfassen.

Lijphart gründet seinen Vergleich der Demokratien auf die Unterscheidung zweier Idealtypen:

- *die Mehrheitsdemokratie und*
- *die Konsensus-Demokratie.*

Macht-Konzentration zeichnet die eine aus, Macht-aufteilung die andere.
Der Unterschied zwischen Lijpharts Idealtypen ist groß.

> *<u>Die Mehrheitsdemokratie</u>*
> *ist der Staat der Machtkonzentration. Sie verschafft der Parlamentsmehrheit und der von ihr getragenen Regierung große Spielräume der Politikgestaltung.*
>
> *<u>Die Konsensus-Demokratie</u>*
> *hingegen ist der Staat der Machtaufteilung. Sie zielt auf Dekonzentration politischer Macht, auf Sicherungen und Gegenkräfte gegen die Mehrheit in der Legislative und gegen die Exekutive. Die Konsensus-Demokratie will zudem der Minderheit gesicherte Chancen der Macht-Teilhabe geben, z.B. durch ein suspensives oder absolutes Veto oder auch durch Zustimmung-Schwellen wie qualifizierte Mehrheit oder Einstimmigkeit.*

Die Bewertung der Demokratien setzt Messungen voraus. Diese erfordern eine Operationalisierung der Mehrheits- und Konsensus-Demokratie-Strukturen.

Aus der wissenschaftlichen Analyse vergangener und gegenwärtiger Demokratien werden empirische Werte klassifiziert und als operationalisierte Vorgaben bzw. Empfehlungen an die Politik weitergegeben.

Die Anwendung dieser Empfehlungen in der politischen Praxis wird als 'Constitutional bzw. Political Engineering' bezeichnet.

Im Zentrum der Anwendung stehen die Optimierung bzw. Entwicklung von Demokratie-Modellen.

Der Reform-Bedarf in Österreich

Am 22.10.2022 hat der wiedergewählte Bundespräsident der Republik Österreich, Alexander Van der Bellen (geb. 1944), öffentlich in einem vielbeachteten Statement

> *"einen Schaden, der an die Substanz unserer Demokratie geht ... und eine Generalsanierung ... der Substanz"*

thematisiert und damit den immer lauter werdenden Ruf der Wählerbasis aufgegriffen bzw. quasi als politische Aufgabe von zentraler Bedeutung gestellt.

> *"Österreichs Bevölkerung braucht Garantien. ... Diese Garantien zu geben ... ist die Bringschuld der Verantwortlichen."*

Das Statement betrifft als Grundaussage den verbesserungswürdigen Ist-Zustand und die Forderung nach Garantien als Mittel zur Generalsanierung der Demokratie in Österreich.
Die Bereitstellung dieser Garantien wird als Bringschuld der Verantwortlichen definiert.

Öffentliche Quellen beweisen, Vorgabewerte der Wissenschaft für die Politik wurden bisher vorzugsweise als Empfehlungen angeboten.

Als Erkenntnisobjekt hierfür dient die Empirie, die Ableitung von Sollwerten daraus und deren Operationalisierung.

Die Politik betrachtet diese 'Empfehlungen als Vorgabebewerte ohne Erfolgsgarantie' in der Anwendung als Ermessensfrage der Entscheidungsträger und ohne eine beiderseitige Haftungsverantwortung in der Sache.

Das Statement kann somit aus der Sicht des Wählers als auch aus der Sicht der Grundlagenforschung zur Demokratie in seiner Forderung nach Garantien im Sinne von verbesserter Qualität in der Aussage und deren Verbindlichkeit in der Anwendung als grundsätzlich berechtigt angesehen werden.

Fazit zur Ausgangslage 2023

Höchste Instanzen der EU bestätigen einen Reform-Bedarf der Demokratie.
Diese Feststellung trifft auf die grundsätzliche Zustimmung der Wählerbasis.

Auch das Angebot der Politik zur interaktiven Einbeziehung interessierter EU Bürger mit Ideen und Vorschlägen zu Verbesserungen über eine 'EU Dialog-Plattform Zukunftskonferenz 2021' findet die allgemeine Zustimmung in der Bevölkerung.

Die Analyse der Grundlagenforschung benennt als Quelle für den theoretischen Vorlauf an die politische Praxis die Empirie der Vergleichenden Politikwissenschaft und sieht hier das Kardinalproblem für den öffentlich genannten Reform-Bedarf.
Offensichtlich erfüllt dieser Vorlauf als quasi 'Ist-Ist-Vergleich' gesellschaftlicher Tatbestände nur bedingt anstehende Erwartungshaltungen. Insbesondere betrifft das die konkrete Forderung der Politik nach Garantien als Bringschuld der Verantwortlichen.

Es ist zulässig, den hier angesprochenen Theoretischen Vorlauf zur politischen Praxis nach dem Kriterium Kompetenz, strukturiert in Qualifikation und Erfahrung, in einer Hierarchie als Funktion der Distanz zur naturgesetzlichen Quelle zu sehen und wie folgt zu gliedern:

Level 1 = Grundlagenforschung,
Level 2 = Angewandte Forschung,
Level 3 = empirische Praxis.

Die Grundlagenforschung zur Herrschaftsform Demokratie stellt in diesem Sachbuch 'Reformation der Demokratie' ihr anforderungsgerechtes Angebot vor.

Kapitel II
Naturgesetze vs. Empirie

Der Forschungsansatz

Die Bezugsbasis
Der 'Trinität-Grundsatz'
Die Methodik

Das 'Heureka' (griechisch: ich habe es gefunden) des Archimedes von Syrakus (287-212 v. Chr.) ist wohl der bekannteste Ausspruch und Beweis für eine plötzliche Erkenntnis, die i.d.R. die jeweilige Lösung des Problems bereits beinhaltet.

Für die Grundlagenforschung ist die plötzliche Erkenntnis ein Impuls für einen Denkansatz, aus dem dann durch Forschungsmethoden wie u.a. die Elementarisierung, Verallgemeinerung, Quellen-Forschung, Kausalitäten-Analyse (WIKIPEDIA) ein Forschungsansatz entsteht, der im Verlauf konkreter Grundlagenforschung zu neuen Erkenntnissen führen kann.

Die Bezugsbasis

Im vorliegenden Fall war es der österreichische Naturforscher Viktor Schauberger (1885-1958) mit seiner Erkenntnis '*die Natur kapieren und dann kopieren*', der mit diesem Impuls auf die Naturgesetze als Alternative zur Empirie aufmerksam machte.

> *Naturgesetze sind eine elementare Grundlage für die Existenz und Entwicklung der menschlichen Gesellschaft. Sie sind die Gesamtheit der Regelmäßigkeiten von Vorgängen in der Natur, die nicht nach Belieben von Menschen in Kraft oder außer Kraft gesetzt werden können.* (WIKIPEDIA)

Naturgesetze sind gegenüber der menschlichen Gesellschaft grundsätzlich neutral und ausschließlich auf ihre Wirkmechanismen gerichtet.

> *Der Wirkmechanismus ist das Erklärungsmodell für das Zustandekommen einer Wirkung. (WIKIPEDIA)*

Die Wirkmechanismen dienen grundsätzlich in erster Linie der Selbsterhaltung im Zuständigkeitsbereich und werden von der Grundlagenforschung hier als 'objektive Selbsterhaltungskräfte' bezeichnet.

Objektive Selbsterhaltungskräfte sind vom Willen des Menschen unabhängig wirkende, objektiv existierende Grenzwerte der Naturgesetze. (WIKIPEDIA)

Den Schlüssel für die Nutzung der Naturgesetze lieferte Nikola Tesla (1856-1943) mit der Erkenntnis '*in Energie denken und Energie verstehen*'.
Sie ist eine elementare Voraussetzung zur Erforschung universaler und folglich auch globaler, naturgesetzlicher Zusammenhänge.

Analog den Naturgesetzen ist Energie aus der Primär-Energiequelle Sonne grundsätzlich neutral und konzentriert auf ihre Wirkmechanismen zur objektiven Selbsterhaltung im Zuständigkeitsbereich, also hier dem Planeten Erde, gerichtet.

Die Grundlagenforschung unterscheidet diese Energie in die Energie-Potenziale 'Selbsterhaltung' und 'Freier Wille'.

Das Energie-Potenzial

'S e l b s t e r h a l t u n g'

definiert die existenziellen Naturkräfte für die Gesellschaft und den Menschen.

Das Energie-Potenzial

'F r e i e r W i l l e'

definiert die nutzbaren Naturkräfte zur 'Kalten Fusion in der Politik' für das Demokratiemodell 'Wählerstimmen-Demokratie'.

Dieser Tatbestand schafft die Grundlagen für die 'Kalte Fusion in der Politik'.

Die Sonne als Primär-Energiequelle liefert Energie durch Fusion. Aus zwei Energie-Potenzialen wird durch Fusion ein neues Energie-Potenzial geschaffen.

> *Sekundär-Energie umfasst die Arten von Energie, die nicht direkt aus der Natur stammen. So gesehen handelt es sich um umgewandelte Primärenergie. (WIKIPEDIA)*

Die Begriffe 'Thermonukleare Kernfusion' und 'Kalte Kernfusion', auch 'Kalte Fusion' genannt, sind von der Kernphysik verwendete Begriffe.

Durch die Abstraktion von extremen Reaktions-bedingungen wie Druck, Temperatur etc. entsteht eine Abkopplung dieser 'Kalten Fusion' vom physikalischen Mythos 'Kalte Fusion' als eine technisch-physikalische Lösung zur Energiegewinnung.

Der Forschungsansatz überträgt diese Sichtweise auf den Menschen und definiert ihn naturwissenschaftlich zulässig als 'Sekundär-Energieträger'.

Die 'Kalte Fusion in der Politik' verwendet den Begriff der 'Selbsterhaltungskräfte' für Wirkmechanismen und Wirkungen die darauf gerichtet sind, Wählerinteressen in einer Demokratie umzusetzen, ohne das der den Naturgesetzen unterliegende Bestimmungszweck des Organismus (Gaia-Hypothese, WIKIPEDIA) beeinträchtigt wird.

Die 'Kalte Fusion in der Politik' in diesem Sinn ist die Bezeichnung für die Erkenntnis einer Möglichkeit, Energie aus der Natur für die Herrschaftsform Demokratie zu nutzen und separierte Anteile dieses Energiepotenzials über den Energiewandler Parlament als zweites 'Fusions-Potenzial' für die 'Kalte Fusion in der Politik' einzusetzen.

Damit ist der Brückenschlag im theoretischen Vorlauf für die Politik erfolgt und die Grundlage für die 'Kalte Fusion in der Politik' offengelegt.

Die 'Kalte Fusion in der Politik' ist nach Erkenntnissen der Grundlagenforschung objektiv an zwei elementare Voraussetzungen gebunden:

> Voraussetzung 1:
> Existenz eines 'Sekundär-Energieträgers' aus der Sonne als Primär-Energiequelle
>
> Voraussetzung 2:
> Fähigkeit dieses 'Sekundär-Energieträgers', aus einem Überschuss an Energie zur Selbsterhaltung ein zweites Energie-Potenzial für die 'Kalte Fusion in der Politik' bereitzustellen.

Dieser Forschungsansatz ermöglicht eine naturgesetzliche Basis als A l t e r n a t i v e zur Empirie als das bevorzugte Erkenntnisobjekt der Vergleichenden Politikwissenschaft.

Darüber hinaus ist zu erwarten, dass Erkenntnisse und Erfahrungen der Einzelwissenschaften, die ohne Sollwerte in der Qualität von Garantien (Flugzeugbau, Brückenbau etc.) nicht auskommen, hier einen Beitrag für eine neue Qualität in den Vorgaben des Theoretischen Vorlaufs für die Politik bringen werden.

In diesem Sinn erweitert die Grundlagenforschung die hier vorgestellte Bezugsbasis mit dem nachfolgenden 'Trinität-Grundsatz' und ergänzt darüber hinaus mit einer 'm o d i f i z i e r t e n universal-wissenschaftlichen Methodik' den Forschungsansatz

Der 'Trinität-Grundsatz'

Trinität (Dreieinigkeit) ist zugleich der Ausdruck der Unterscheidung und ihrer unauflösbaren Einheit der genannten Bestandteile. (WIKIPEDIA)

Zur Entwicklung der Herrschaftsformen Demokratie in Harmonie mit den Naturgesetzen bedarf die Wahrnehmung politischer Verantwortung die Kompetenz zur 'Trinität Einzelwissenschaft, Universalwissenschaft und Naturgesetz'.

Die hier vorgestellten Forschungsergebnisse sind gemäß diesem 'Trinität-Grundsatz' ein Erfordernis für das historisch gewachsene Gebot der Gegenwart unter dem Thema:

Partielle Kooperation, Koordination und Organisation von Einzelwissenschaften und Universalwissenschaften auf der Basis von Naturgesetzen unter der Voraussetzung der Entschlüsselung ihrer Wirkmechanismen zur Einflussnahme auf gesellschaftliche Entwicklungen im Toleranzbereich der absoluten Wahrheit.

> *Als Wahrheit soll hier allgemein verstanden werden die korrekte Wiedergabe naturgesetzlicher Zusammenhänge und Tatbestände.*
> (WIKIPEDIA)

Die Methodik

Mit dem Denkansatz Energie beginnt die Forschung an der Energie-Quelle, folgt dem Energie-Transfer sowie den realen Energie-Transformationen bis zum Ziel Demokratie als relativer Endpunkt der Erforschung von Möglichkeiten zur Nutzung der 'Kalten Fusion in der Politik'.

Energie ist eine operationalisierbare Wertgröße.
Dieser Tatbestand lässt zu die Annahme der Existenz von Soll- und Ist-Werten (u.a. für den Bedarf und den Zustand der Bedarfsdeckung).

Die Forschung zur 'Kalten Fusion in der Politik' basiert auf einer Forschungsmethode, die in verschiedenen Quellen grundsätzlich als universal-wissenschaftliche Vorgehensweise bezeichnet wird.

Eine solche Vorgehensweise erfolgt i.d.R. in 3 Schritten:

►Der 1. Schritt ist die

W a h r n e h m u n g

im umfassendsten Sinn dieses Begriffes. Hierbei geht es darum, was man mit genauer Betrachtung, Beobachtung etc. eines ausgewählten Objektes erkennen kann.

►Der 2. Schritt ist die

L ö s u n g s i d e e.

Hierbei geht es darum, wie sich die Wahrnehmung praktisch nutzen lässt. Handelt es sich bei der Wahrnehmung um ein Problem, dann wäre die Lösungsidee folglich eine in die Praxis umsetzbare Lösung dieses Problems.

►Der 3. Schritt ist der

P r a x i s b e w e i s.

Hierbei wird die Lösungsidee praktisch umgesetzt und man beobachtet, was dabei passiert. Funktioniert alles wie gedacht, ist alles in Ordnung. Funktioniert es nicht, dann muss wieder von vorn begonnen werden. Das Primat gehört dabei immer der Wahrnehmung.

Die in der 'Kalten Fusion in der Politik' angewendete

'm o d i f i z i e r t e F o r m
der universal-wissenschaftlichen
Forschungsmethode'

bedeutet, ein Forschungsergebnis ist durch gesicherte Erkenntnisse der Einzelwissenschaften überprüft und bestätigt.

Wenn man beispielsweise eine aktuelle Erkenntnis als These zur Politikwissenschaft formuliert, dann können gesicherte Erkenntnisse als Beweise aus zutreffen Einzelwissenschaften wie der Physik und Chemie, den Gesellschaftswissenschaften, Ingenieurwissenschaften etc. dienen bzw. entsprechend genutzt werden.

Der Grundlagenforscher dieser 'modifizierten universalwissenschaftlichen Vorgehensweise' verfügt als Generalist somit quasi über ein variabel und bedarfsgerecht gestaltbares 'Forscher-Team' mit einem grundsätzlich anerkannten Wissen.

Das Forschungsobjekt Demokratie

Die naturgesetzliche Bezugsbasis
Die energetische Bezugsbasis
Die politische Bezugsbasis

Die naturgesetzliche Bezugsbasis

Demokratie gehört zu den 3 Hauptformen der Herrschaft als die Art und Weise, wie Macht in einem Staat ausgeübt wird. Diese Hauptformen sind die Aristokratie, die Diktatur und die Demokratie. (WIKIPEDIA)

Die naturgesetzliche Bezugsbasis garantiert unter der Voraussetzung der Verfügbarkeit der Primär-Energiequelle Sonne und der Harmonie mit der gesellschaftlichen Realität eine grundsätzliche Funktionalität der Selbsterhaltung der Gesellschaft.

Die energetische Bezugsbasis

Der Mensch kann nach den naturwissenschaftlichen Erkenntnissen zulässig als

'S e k u n d ä r-E n e r g i e t r ä g e r'

bezeichnet werden.

Als 'Sekundär-Energieträger' verfügt er grundsätzlich über die Energie-Potenziale für die 'Kalte Fusion in der Politik'.

Die Grundlagenforschung unterscheidet hier in die Energie-Potenziale 'Selbsterhaltung' und 'Freier Wille'.

Das Energie-Potenzial

'S e l b s t e r h a l t u n g'

folgt objektiven naturgesetzlichen Vorgaben.

Das Energie-Potenzial

'F r e i e r W i l l e'

steht dem Menschen zur Verrichtung von Arbeit nach eigenem Ermessen zur Verfügung.

Die politische Bezugsbasis

Die Herrschaftsform Demokratie stellt den Menschen als Entscheidungsträger in den Focus der Betrachtungen.

Der Mensch trifft in seiner gesellschaftlichen Position und dem damit verbundenen Einfluss auf die Politik Entscheidungen für gesellschaftliche Tatbestände bzw. die Entwicklung der Gesellschaft.

Ist die Bezugsbasis für diese Entscheidungen in Harmonie mit der naturgesetzlichen und energetischen Bezugbasis, dann wären wesentliche Bedingungen und Voraussetzungen für einen von der Grundlagenforschung Demokratie definierten Entwicklungszustand

'Allgegenwärtige Vernunft und Harmonie'

als gesellschaftliche Realität bzw. angestrebtes Ziel der gesellschaftlichen Entwicklung gegeben.

Die Definition dieses Entwicklungszustandes ist ein Angebot der Grundlagenforschung als A l t e r n a t i v e zur Empirie, dem vorzugsweise gewählten Erkenntnisobjekt der Vergleichenden Politikwissenschaft.

Kapitel III
Die 'Kalte Fusion in der Politik'

Die Kausalitäten
Die 'Fusions-Potenziale'
Die Organisation

Die Kausalitäten

Die als Bezugsbasis gewählte Definition

> *'Demokratie ist die R e g i e r u n g des Volkes durch das Volk für das Volk'*

erfordert eine historische Wende im Bewusstsein des Wählers respektive der Wählerbasis.

> *Regierung vs. Mitbestimmung !*
>
> *Die Regierung ist eine der höchsten Institutionen eines Staates. Sie leitet, lenkt und beaufsichtigt die Politik nach innen und nach außen.*
> *(WIKIPEDIA)*
>
> *Die Mitbestimmung bezeichnet im weitesten Sinn die Mitwirkung und Mitentscheidung jener, die in einer Abhängigkeitsbeziehung durch Entscheidungen anderer in ihrer persönlichen Arbeits- und Lebensweise beeinflusst oder fremdbestimmt werden. Dabei geht es vor allem um die Beteiligung betroffener Menschen an Entscheidungsprozessen, deren Ergebnisse sie in unterschiedlicher Weise mitgestalten oder per Wahl mitbestimmen können.*
> *(WIKIPEDIA)*

Dieser Tatbestand ist ein Entwicklungsprozess, d.h. dieses Bewusstsein muß schrittweise und anforderungsgerecht auf den Wähler und die Wählerbasis übertragen werden.

Das Energie-Potenzial des Wählers für die 'Kalte Fusion in der Politik' erschließt sich darüber hinaus nach Ansicht der Grundlagenforschung vorzugsweise durch kollektives Handeln und entwickelt sich im direkten Zusammenhang mit dem qualitativen und quantitativen Zuwachs der diesbezüglich organisierten Wählergemeinschaft bzw. Wählerbasis. (s. WSU ff.)

Die 'Fusions-Potenziale'

Die 'Kalte Fusion in der Politik' bezeichnet Energie-Potenziale der Wählerbasis, die am Fusions-Prozess für ein neues Energie-Potenzial beteiligt sind, als

'F u s i o n s - P o t e n z i a l e'.

Die Grundlagenforschung unterteilt dieses Energie-Potenzial und unterscheidet dabei in die nachfolgende Fusions-Potenziale, hier als Module bezeichnet.

Modul 1

'F u s i o n s – B a s i s'

für die 'Kalte Fusion in der Politik' ist die ausgewählte Demokratie, in der die Fusion stattfinden soll.

Somit kann die Fusions-Basis je nach Anwendungsfall z.B. eine Staatengemeinschaft (EU), ein Staat (BRD) oder auch ein Bundesland einer Demokratischen Republik sein. (z.B. Bayern)

Modul 2

'F u s i o n s – K r a f t'

ist das Energie-Potenzial der 'Fusions-Basis', also der zum Gegenstand gewählten Demokratie.
Sie besteht in diesem Sinn aus Wählern, die in ihrem kollektiven Zusammenschluss eine definierte 'Fusions-Kraft' ergeben.

Aus dieser Quelle 'Fusions-Kraft' als energetische Basis sind die für die 'Kalte Fusion in der Politik' benötigten Module zu formieren, d.h.

Modul 3

'F u s i o n s – A n t e i l e'

Modul 3.1

'F u s i o n s – A n t e i l I'

erhält die Bezeichnung 'Wählerstimmen-Union' (WSU). Er ist ein grundsätzlich überparteilicher Zusammenschluss von Wählern der 'Fusions-Basis'.

Modul 3.2

'F u s i o n s – A n t e i l II'

ist das Parlament. Es wird von der 'Wählerstimmen-Union' (WSU) festgelegt und besteht aus Mandatsträgern der Wählerbasis der jeweiligen 'Fusions-Basis'.

Modul 4

'P a r l a m e n t s b e s c h l u s s'

Das aus der 'Kalten Fusion in der Politik' gewonnene Energie-Potenzial ist der Parlamentsbeschluss zur

'R e g i e r u n g
des Volkes durch das Volk für das Volk.'

Die Organisation

Die Organisation der 'Kalten Fusion in der Politik' ist das Herzstück der 'Wählerstimmen-Demokratie' und der 'Reformation der Demokratie' als Angebot der Grundlagenforschung.

Die

'O r g a n i s a t i o n'

als 'Übersichtsmaximale Wirkzusammenhangssicherung' (Otto R. Schnutenhaus 1894-1976, WIKIPEDIA) ist auf die komplexe analoge und digitalisierbare Erschließung des Energie-Potenzials des Menschen in seiner Funktion als Wähler in einer Demokratie gerichtet.

> *Organisationswissenschaft:*
> *Wissenschaft, die die optimale Gestaltung funktionstüchtiger ökonomischer, technischer und sozialer Systeme erforscht und deren inhaltliche Ausrichtung vom Charakter des jeweiligen Gesellschaftssystems bestimmt wird. (www.dwds.de)*

Basiswissen der Organisationswissenschaften bildet die Grundlage bzw. Quelle für neue Erkenntnisse und Angebote in der Aufbau- und Prozessorganisation, insbesondere zu Struktur- und Organisationselementen, bezüglich einer Transformation der im ersten Schritt als analoge Forschungsergebnisse vorliegenden Erkenntnisse über die im Folgeschritt notwendige bzw. vorteilhafte Digitalisierung für die praktischen Umsetzung, in der u.a. Modelle digitaler Gesamtrechnungen eine bedeutende Rolle spielen.

Das Benutzerhandbuch zum Sachbuch 'Reformation der Demokratie' informiert über die Details und stellt darüber hinaus ein von der Grundlagenforschung entwickeltes Angebot zur praktischen Umsetzung mit der Bezeichnung

'D e m o k r a t i e – F u s i o n s – M o d e l l WSD'
(Wählerstimmen-Demokratie)

im Selbstverlag über www.amazon.de in Folge zu einem erkennbaren Interesses am Sachbuch als notwendige Basisinformation vor.

Notizen

Kapitel IV
Die 'Wählerstimmen-Demokratie'

Die Definition
Das Ziel
Die Soll-Werte

Die Definition

Für Grundlagenforscher ist die Demokratie (griechisch: Volksherrschaft) eine der wichtigsten Herrschaftsformen, definiert als die Art und Weise, wie Herrschaft in einem Staat ausgeübt wird. (WIKIPEDIA)

Es war Abraham Lincoln (1809-1865),16. Präsident der USA, der in seiner Rede zur Einweihung des Soldatenfriedhofs für Gefallene des Amerikanischen Bürgerkrieges in der historisch größten Schlacht bei Gettysburg im Jahre 1863 formulierte:

> '*Demokratie ist die Regierung des Volkes*
> *durch das Volk für das Volk*',

mit dieser 'Gettysburg-Formel' in die Geschichte einging und bis heute unwidersprochen das amerikanische Demokratieverständnis punktgenau zum Ausdruck brachte. (WIKIPEDIA)

Die Grundlagenforschung hat diese Definition als Bezugsbasis gewählt und für die 'Kalte Fusion in der Politik' als Forschungsobjekt mit der auf der IT Dialog-Plattform der EU Zukunftskonferenz 2021 in allen Mitgliedstaaten öffentlich zur Diskussion gestellten Bezeichnung festgelegt als

'W ä h l e r s t i m m e n – D e m o k r a t i e' (WSD).

Das Ziel

Die mit dem Forschungsansatz gewählte strategische Ausrichtung nach der naturgesetzlichen Basis, sowie der Erkenntnis von Nikola Tesla (1856-1943) zur Energie, ermöglicht als Entwicklungsziel eine Harmonie mit realen bzw. künftigen gesellschaftlichen Tatbeständen.

Das Demokratie-Ziel kann in diesem Sinn zulässig definiert werden als eine Gesellschaft im Entwicklungs-Zustand der

'A l l g e g e n w ä r t i g e n V e r n u n f t
und
H a r m o n i e'.

Vernunft umfasst das Vermögen menschlichen Denkens, aus Sachverhalten allgemein gültige Zusammenhänge der Wirklichkeit erschließen zu können, deren Bedeutung zu erkennen, Regeln und Prinzipien aufzustellen und danach zu handeln. (WIKIPEDIA)

Harmonie bedeutet die Vereinigung von Entgegengesetztem zu einem Ganzen, d.h. Gestalt und Teile eines Ganzen so abzustimmen, dass die Funktion der jeweils anderen Teile und vor allem die Funktion des Ganzen maximal befruchtet werden. (WIKIPEDIA)

Die Soll-Werte

Die 'Kalte Fusion in der Politik' definiert

'S o l l – W e r t e'

als operationalisierte, qualitativ und quantitativ bestimmte, relative Endpunkte für künftige gesellschaftliche Entwicklungen in einem definierten Zeitraum. Sie beschreiben einen realen, garantiert möglichen Zustand für die Bedürfnisbefriedigung von Wählern respektive der Wählerbasis in Übereinstimmung mit ausgewählten objektiven Rahmenbedingungen aus der Natur und der Umwelt.

Die Zusammenfassung von Sollwerten nach der Theorie WSD (Wählerstimmen-Demokratie) ergibt einen Zustand für die Gesellschaft, der für die 'Kalte Fusion in der Politik' als Entwicklungszustand der 'Allgegenwärtigen Vernunft und Harmonie' bezeichnet wird.

Kapitel V
Resümee

Zum Reform-Bedarf
Zum Forschungsansatz
Zum Forschungsobjekt Demokratie
Zur 'Kalten Fusion in der Politik'
Zur 'Wählerstimmen-Demokratie'
Empfehlung

Zum Reformbedarf

Nach Auffassung der Grundlagenforschung gibt es zu dem in der Ausgangssituation (Kap. I) beschriebenen Reform-Bedarf aktuell unverändert den Tatbestand von Vorhaben, die in den Zuständigkeitsbereich der EU Regelungen für eine Auftragsvergabe fallen.

Vorhaben 1

Reform-Bedarf der EU in der Politikwissenschaft und der Politischen Praxis gemäß gemeinsamen Beschluss von Parlament, Rat und Kommission am 09.05.2021 am Europa-Tag 2021 im Europäischen Parlament in Straßburg mit einer gemeinsamen Plenarsitzung als 'Konferenz zur Zukunft Europas'.

Vorhaben 2

Reform-Bedarf der Demokratie in Österreich als Bringschuld der Verantwortlichen zur Generalsanierung der Substanz durch Garantien der Politikwissenschaft an die Politische Praxis, veröffentlicht am 22.10.2022 durch den wiedergewählten Bundespräsidenten Alexander Van der Bellen.

Zum Forschungsansatz

Die Grundlagenforschung folgt in ihrem Forschungsansatz der Empfehlung von Viktor Schauberger

'die Natur kapieren
und
dann kopieren'

als grundsätzliches Fundament.

Erkenntnisse aus der Bezugsbasis Naturgesetze haben, wie der Name schon sagt, Gesetzescharakter und sind durch sachliche Kritik i.d.R. nicht angreifbar.
Sie sind eine sichere Bezugsbasis auf elementarer Ebene.

Die Grundlagenforschung folgt in Harmonie mit den Naturgesetzen im nächsten Schritt der Erkenntnis von Nikola Tesla

`denke in Energie'.

Die Bezugsbasis Energie besitzt ein naturwissenschaftlich bestätigtes Instrumentarium mit nachweislich praktischer Funktionalität in der menschlichen Gesellschaft.

Der nachfolgende Schritt zum

'T r i n i t ä t – G r u n d s a t z'

ist eine nahezu zwangsläufige Folge zur Nutzung der Bezugsbasen Naturgesetze und Energie.

Erkenntnisse und Erfahrungen aus der Grundlagenforschung bestätigen diesen 'Trinität-Grundsatz' als Erfolgsprinzip der hier vorgestellten A l t e r n a t i v e zum Erkenntnisobjekt Empirie.

Die von der Grundlagenforschung speziell entwickelte

'M e t h o d i k
der modifizierten universal-wissenschaftlichen Vorgehensweise'

ist eine der (historischen) Dimension angepasste Arbeitsweise zur anforderungsgerechten Umsetzung von Erkenntnissen in die gesellschaftliche Praxis.

Zum Forschungsobjekt Demokratie

Die Grundlagenforschung hat

die Definition Abraham Lincolns
'Demokratie ist die Regierung
des Volkes durch das Volk für das Volk'
übernommen und erkannt, dass in der Reihenfolge der genannten kausalen Zusammenhänge nach den Naturgesetzen und der Energie

die Definition des Menschen
in der Funktion des Wählers
als 'Sekundär-Energieträger'
das nächste Kettenglied bildet

und aus diesen Kausalitäten

die Definition des Entwicklungsziels
'Allgegenwärtige Vernunft und Harmonie'
für eine gesamtgesellschaftliche Entwicklung

als A l t e r n a t i v e zum aktuell erkennbaren Theoretischen Vorlauf der Vergleichenden Politikwissenschaft zu dem Angebot

'R e f o r m a t i o n d e r D e m o k r a t i e'

zusammengefasst und zur barrierefreien Kenntnisnahme sowie ggf. Anwendung veröffentlicht.

Zur 'Kalte Fusion in der Politik'

Folgt man der Erkenntnis Nikola Teslas 'in Energie denken' gibt es nach Auffassung der Grundlagenforschung

z w e i
s t r a t e g i s c h e G r u n d r i c h t u n g e n

1. 'Spaltung'
=>naturwissenschaftliche Kernspaltung

2. 'Fusion'
=> naturwissenschaftlich physikalisch-technisch Lösung oder nach dem Demokratie-Fusions-Modell WSD

Die 'Kalte Fusion in der Politik' ist quasi das Herzstück des Angebotes der Grundlagenforschung zur 'Reformation der Demokratie' und zum Angebot des Demokratiemodells 'Wählerstimmen-Demokratie'.

Der Dozent Ernö Rubik stellte vor
im Jahre 1974 an der Hochschule für Bildende Kunst in Budapest, Ungarn, nach 6 Jahren Entwicklung ein mechanisches Modell zur Verbesserung des räumlichen Denkvermögens seiner Studenten, den später nach ihm benannten

'Rubik's Cube'.

Die Grundlagenforschung stellt vor
im Jahre 2024 als Ergebnis der Forschungen zur Herrschaftsform Demokratie nach einer mehrjährigen interdisziplinären Entwicklung ein digitales

'D e m o k r a t i e – F u s i o n s – M o d e l l WSD'
(Wählerstimmen-Demokratie)

zur Verbesserung des demokratischen Denkvermögens des Wählers respektive der Wählerbasis.

Nach den diesem Modell zu Grunde liegenden Erkenntnissen der Grundlagenforschung zur Demokratie ist die

'R e g i e r u n g
des Volkes durch das Volk für das Volk'

u.a. an die nachfolgenden Voraussetzungen gebunden.

Voraussetzung 1
Naturgesetze als Bezugsbasis

Voraussetzung 2
Energie als universale Bestimmungsgröße

Voraussetzung 3
Sonne als 'Primär-Energiequelle

Voraussetzung 4
Wähler als 'Sekundär-Energieträger'
mit den Energie-Potenzialen 'Selbsterhaltung'
und 'Freier Wille'

Voraussetzung 5
Wählerstimmen-Union (WSU)

Voraussetzung 6
'Kalte Fusion in der Politik'

Voraussetzung 7
'Trinität-Grundsatz'

Voraussetzung 8
'Methodik der modifizierten
universal-wissenschaftlichen
Vorgehensweise'

Zur 'Wählerstimmen-Demokratie'

Im Volksmund allgemein bekannt als 'Direkte Demokratie' sind unterschiedliche Initiativen von engagierten Wählern und von Teilen der organisierten Wählerbasis mit einem allgemein erkennbaren Grundtenor der Mitbestimmung.

Eine einheitliche wissenschaftliche Basis im Sinn einer komplexen Theorie 'Direkte Demokratie' ist nach vorliegenden Informationen bis dato nicht im öffentlichen Angebot.
Ansätze zu diesem Thema lassen als Erkenntnisobjekt die Empirie erkennen und schaffen damit einen gewissen Wettbewerb zur Vergleichenden Politikwissenschaft, insbesondere zu den hier vertretenen Demokratiemodellen Mehrparteien-Demokratie und Konsensus-Demokratie.

Das Angebot der Grundlagenforschung bietet eine

komplexe Theorie
"W ä h l e r s t i m m e n – D e m o k r a t i e'

auf naturgesetzlicher Basis und in Übereinstimmung mit dem jeweiligen Grundgesetz, dem parlamentarischen Verhaltenskodex und ist o h n e Veränderungen der existenten Gewaltenteilung schrittweise oder ganzheit lich zeitnah in die gesellschaftliche Praxis umsetzbar.

Empfehlung

Dieses Sachbuch mit deutlichen Alleinstellungsmerkmalen zum Thema 'Reformation der Demokratie' ist nach vorliegenden Informationen das erste veröffentlichte Angebot von Forschungsergebnissen zur Herrschaftsform Demokratie auf naturgesetzlicher Basis anstelle der bisher insbesondere von der Vergleichenden Politikwissenschaft vorzugsweise verwendeten Empirie.

Sie ist bis dato die alleinige Ansicht des Anbieters und bedarf unzweifelhaft der Expertenrunde im Vorfeld einer Verwendung bzw. praktischen Nutzung.

Als Gesprächsgrundlage gedacht, erhebt sie somit keinen Anspruch auf eine uneingeschränkte sachliche Richtigkeit und Vollständigkeit.

Notizen:

Printed in Poland
by Amazon Fulfillment
Poland Sp. z o.o., Wrocław
04 September 2024

13dee8f6-7e66-44db-b049-e8062ff05d3cR01